AF250754

L 1799

# LE SALUT PUBLIC,

## OU

## LA VÉRITÉ DITE

## A MM. LES ÉLECTEURS;

### PAR UN BON FRANÇAIS.

> L'intérêt général doit présider seul aux combinaisons politiques. Les conceptions de l'intérêt particulier sont étroites, éphémères et chancelantes comme lui.

BIBLIOTHÈQUE IMPÉRIALE IMPR.

ACQUISITION N.º 42118

## AU MANS,

DE L'IMPRIMERIE DE MONNOYER, IMPRIMEUR DU ROI ET DE M. LE PRÉFET.

## 1820.

# LE SALUT PUBLIC,

OU

## LA VÉRITÉ

## DITE A MM. LES ÉLECTEURS;

PAR UN BON FRANÇAIS.

GRACES au meilleur et au plus éclairé des Rois, la France, après quatorze siècles d'erreur, va jouir du droit sacré de représentation proportionnée à sa population et à ses richesses ; elle va jouir d'une loi des élections supérieure à tout ce qu'avait imaginé jusqu'à présent la politique ancienne et moderne ; elle va posséder enfin une assemblée vraiment nationale.

Que reste-t-il à désirer au peuple français après tant d'avantages....? ce qui peut seul achever son bonheur et mettre le comble à sa gloire; c'est-à-dire, la sagesse des Electeurs dans le choix des Députés.

Supposons ( et puisse ma triste supposition n'avoir jamais l'ombre de la réalité!), supposons que cet esprit de sagesse soit banni des assemblées électorales : alors, tous les malheurs sont nécessairement éternisés, alors la France est de nouveau livrée aux entreprises des factions sanguinaires, l'édifice de la sociabilité est ébranlé; tout devient incertain, dans les propriétés et dans l'existence même du citoyen, et les jours si désirables de la paix s'enfuient pour ne revenir peut-être qu'après plusieurs générations éteintes dans les horreurs des guerres étrangères ou dès discordes civiles.

Messieurs, vous les connaissez les vœux des bons français : sachez vous y conformer. Il ne faut pas un grand effort de raison pour voir combien ils sont justes et paternels.... que prétendent-ils en effet, en signalant les partisans du républicanisme et de l'anarchie comme indignes de vos suffrages, que nous arracher aux deux plus terribles fléaux qui puissent tourmenter la patrie ? de ces deux classes d'hommes découleraient nécessairement tous les troubles et toutes les calamités publiques, parce que toutes les deux n'ont que des passions à satisfaire, des vengeances à exercer, et jamais le bonheur public pour objet.

Le républicanisme ne peut concourir à la stabilité de la monarchie, parce qu'il ne peut travailler contre ses intérêts les plus chers, et l'anarchie est incompatible avec elle, parce qu'elle est essentiellement ennemie de toute espèce d'ordre et de subordination..... le républicanisme est un des monstres qui veillent sans cesse autour de la monarchie, pour se glisser dans son sein, et y porter ses ravages; et l'anarchie, un tyran à mille têtes qui n'attend qu'un instant favorable pour renouveler partout ses forfaits sanguinaires..... tous les deux ont fait à la France des maux inouïs : il faut les abandonner à leur impuissance, et les repousser de vos consciences.

Rejettez aussi, Messieurs, comme indignes de votre confiance les amis du déspotisme, mais rejettez surtout ceux qui se servent du nom de la liberté pour exciter un aveugle enthousiasme; ces hommes ignorent encore eux-mêmes l'espèce de Gouvernement dont ils désirent la conservation, et plusieurs souhaiteront peut-être que tout fût remis en commun, que tout fût replacé dans l'état de nature, afin de se saisir d'une meilleur part que celle dont le hazard de la fortune les a favorisés.

Eh ! n'est-il donc pas assez de citoyens sur qui les choix des Electeurs peuvent dignement tomber, sans les fixer sur des hommes dont on a tout à redouter.

Si l'un de vous, Messieurs, avait à confier à quelqu'un l'administration de ses intérêts, irait-il les remettre entre les mains d'un homme qu'il saurait être son ennemi, ou qui, par son extravagante conduite, aurait porté le trouble et le désordre dans toutes les affaires qu'il aurait traitées ? non, sans doute ; ils choisirait un citoyen sage, réglé dans ses mœurs, irréprochable dans sa conduite ; un citoyen sur l'attachement et la fidélité duquel il pourrait se reposer..... ainsi doivent se régler les intérêts de la patrie.

Dignes Electeurs, le bonheur de la France est dans vos mains ; s'il demeure imparfait, songez-y, c'est à vous qu'on l'imputera, vous n'avez plus à craindre que vos propres erreurs ; mais, cette crainte, notre confiance en vous l'a bannie de nos cœurs. Tout intérêt personnel va disparaître de vos ames auprès de l'intérêt général ; toute passion particulière va céder en vous à l'amour du bien public ; vous n'entendrez ni les insinuations séductrices des personnes les plus chères, ni les recommandations impérieuses des hommes puissans : elles seront couvertes par le cri de la conscience et de l'honneur.

Bon peuple, si quelque chose vous restait à craindre, ce ne serait pas du vice de vos Electeurs ; ce ne pourrait être que de leurs vertus mal entendues et d'un égarement de zèle. C'est sur quoi, Messieurs, trouvez bon que je vous prévienne : car, qu'aurais-je à vous dire si le zèle

n'avait pas ses erreurs, et la vertu ses dangers ? laissez,
laissez dans vos fonctions électorales vos vertus domes-
tiques, ne vous livrez plus qu'à l'impression des vertus
civiques ; que vos regards ne s'arrêtent plus sur le parent,
le voisin, le protecteur : qu'ils ne cherchent plus que des
amis de la Charte et de la légitimité ; craignez l'amitié,
la reconnaissance, les préventions de l'estime, les goûts
de société, ces vertus privées sont les vices de l'Electeur.

Pères de famille, c'est à la sagesse des élections que
sont attachés le bonheur et l'existence de ce que vous
avez de plus cher ; de ces enfans dont vous voudriez assurer
le repos au prix même de vos jours ! Agriculteurs pai-
sibles, et vous tous qui tenez à la nature et à la société
par des liens que vous voudriez rendre durables et toujours
flatteurs, c'est de la bonté de vos suffrages que découlera
la sécurité de vos jouissances..... c'est l'instant de prouver
que les passions et les caprices des partis ne sauraient l'em-
porter sur les intérêts de votre patrie ; que vous aimez
mieux votre bonheur que les satisfactions viles et dange-
reuses de l'intrigue ; que vous êtes sensibles à ce qui touche
les grands cœurs, à ce qui constitue le véritable ami de
son pays, à ce qui peut seul rendre honorables les droits
que vous allez exercer.

Que la vertu franche et modeste triomphe enfin, et jouis-
se de la récompense qui lui est due ! que le citoyen honnête,
qui se dérobe aux regards, soit préféré à l'intrigant qui affecte
de se montrer aux premiers rangs, pour fixer l'attention et
surprendre les suffrages ! Que l'homme éclairé l'emporte sur
l'ignorant ; l'homme pacifique sur l'artisan des discordes ;
le bon père et le bon époux, sur celui qui outrage ces liens
sacrés du sang et de la nature ! souvenez-vous, Messieurs,

que si le royaume peut se soutenir glorieux au dehors par la force et le courage des armées, il n'y a que les bonnes mœurs qui puissent le maintenir inébranlable au-dedans; et qu'ainsi votre souverain devoir est de choisir des hommes qui puissent donner à la fois l'exemple et la leçon de la vertu.

Alors, Messieurs, mais seulement alors, nous verrons le terme de nos agitations et de nos inquiétudes. Ils arriveront alors ces jours de paix et de contentement universel, où les Français ne professeront plus qu'une seule opinion, qu'une seule volonté, l'attachement à la Charte et à la dynastie légitime, ces jours enfin où ils s'écrieront tous d'une commune voix : vivent nos Députés, vive le bon Roi qui les encourage par son adhésion ferme et généreuse.

Mais que dis-je? Français! ne formons plus dès ce jour qu'une famille de frères : donnons-nous à nous-mêmes, donnons à notre patrie cette paix que nous avons obtenue par tant d'efforts et de sacrifices : c'est maintenant qu'elle dépend entièrement de nous, c'est maintenant qu'il s'agit de justifier par notre sagesse, si nous sommes dignes d'une liberté bien ordonnée ; écartons loin de nous le flambeau des discordes civiles qui reporteraient dans notre sein toutes les fureurs de la guerre appaisées au dehors.

Amis de la patrie! qu'y gagneriez-vous? hélas! votre ruine successive et des remords tardifs, semblables à ceux d'un fils sensible qui, après un malheureux instant de frénésie, s'apercevrait qu'il a déchiré de ses propres mains le sein de sa famille, et que sa rage s'est exercée sur ce qu'il avait de plus cher au monde.

Vous, qui vous consumez en vains désirs pour le renversement du nouvel ordre des choses; qu'y gagneriez-vous encore? votre perte assurée ; entre l'état actuel et celui pour lequel vous soupirez, il est un vaste abyme, séjour affreux de mort et de carnage; parvenus au bord salutaire de cet abyme, c'est envain que vous chercheriez à le faire franchir à vos compatriotes : vous pourriez bien sans doute en entraîner quelqu'un avec vous, dans ce vaste tombeau, mais vous y péririez les premiers, écrasés sous le poids de leur chute. Quel sentiment destructeur de vos propres intérêts peut donc vous tourmenter encore et vous faire envisager dans les dissentions civiles un terme à vos repugnances?

Ah! si les fêtes que nous allons célébrer ne voyaient pas l'union, la fraternité, la paix immuáblement se fixer parmi nous ; si les cœurs désunis ne saisissaient pas cette occasion pour se rapprocher, et jurer ensemble sur le berceau sacré d'Henri le bien-aimé, amitié et concorde; il serait donc vrai de dire que tant de sang répandu, que tant de sacrifices faits, auraient été des tentatives inutiles et sans fruit? Malheur et opprobre à nous si jamais nous méritions ce reproche.

Eternel! c'est devant toi surtout qu'il est doux de la célébrer comme un de tes bienfaits, cette naissance auguste qui fait notre espoir et le sujet de notre allégresse, reçois l'hommage solennel de notre reconnaissance. Jamais, Dieu puissant et bon, nous n'avons cessé un instant d'espérer dans ta miséricorde, jamais nous n'avons craint de t'associer à nos vœux : ah! quand tu les couronnes par un événement si heureux pour la patrie, qui pourrait douter que ta Providence n'a pas elle-même présidé aux nouvelles destinées de la France, que la restauration du trône de St.-Louis n'est pas ton ouvrage, et que ses ennemis tenteraient envain de l'ébranler par de nouveaux efforts.

F. COURAUDIN.

www.ingramcontent.com/pod-product-compliance
Lightning Source LLC
Chambersburg PA
CBHW051456060726

47596CB00006B/2795